Zouaoui   El ouaamari

So ist der Islam!

E-Mail: z_elouaamari@web.de

Herstellung und Verlag:
BoD - Books on Demand, Norderstedt
ISBN 978-3-7386-4056-4

Vorwort

Das Bild des Islam ist in den westlichen Medien meistens verzerrt. Die Verantwortung dafür tragen nicht nur die lokalen Medien sondern auch wir Muslime, vor allem die im Westen lebenden. Weil die meisten egoistisch sind, und sie sehen ihre islamische Aufgabe nur darin erfüllt, dass sie regelmäßig beten und fasten. Viele sind zwar in kulturellen Vereinen gemeinnützig engagiert, doch sie sind den Anforderungen der deutschen Gesellschaft noch nicht gewachsen.

Die faire Berichterstattung versucht mancherlei Vorurteile zu vermeiden und mehr oder weniger ein objektives Bild über das Leben der Muslime in Deutschland zu vermitteln, aber dies ist und bleibt ein Tropfen auf dem heißen Stein, solange die Muslime selber den deutschen gesellschaftlichen Pflichten nicht genügen. Um diese Mängel zu beseitigen, müssen wir Muslime unter anderem die deutsche Sprache gut erlernen und unseren Bildungsstandard wesentlich steigern. Dann würden wir uns Gehör und Respekt verschaffen und wären in der Lage, die hiesige Gesellschaft mitzugestalten.

Das vorliegende Buch ist mein persönlicher Beitrag dazu, dass die deutschen Leser und Medien den Islam, den Glauben der Gnade und des Friedens, in ein anderes Licht rücken mögen. In diesem Sinne hoffe ich, dass der verehrte Leser diese Abhandlung verinnerlichend liest und sich vorurteilsfrei und gebührend mit ihr auseinandersetzt.

Verzeichnis

1 Die Notwendigkeit vom Dasein Gottes

1.1 Der Ursprung des Nihilismus

Leider hat man sich im Westen hauptsächlich mit dem griechischen und römischen Gedankengut kritisch auseinander gesetzt. Die Islamische Offenbarung hat man entweder ganz außer Acht gelassen, oder man hat einige ihrer Texte missdeutet, um sie als erkenntnisuntauglich zu brandmarken.

Ich beabsichtige im Folgenden keine Kritik an der Kirche auszuüben, sondern ich möchte bloß der Haltung vieler europäischer Denker, die alle Arten von Religionen ablehnen, auf den Grund gehen.

Im Mittelalter hatte die Kirche das Denken eingeschränkt und den Philosophen die Richtung vorgegeben. Und wenn man sich traute, eine andere Meinung als die der Kirche zu äußern, so machte sie ihm kurzen Prozess, und er wurde prompt zum Ketzer erklärt. Dies brachte ihn im schlimmsten Fall auf den Scheiterhaufen. Andererseits hatte die Kirche ein Feudalsystem etabliert, dass den Armen keine Chance gab, sich wirtschaftlich von ihr zu emanzipieren. Sie waren ihr sozusagen auf Gede9ih und Verderb ausgeliefert. Sie mussten sich als Landarbeiter verdingen und alle Hoffnung auf besseres Leben aufgeben.

Die Verwicklung der Kirche in die politischen Machenschaften und Intrigen hatte bei vielen Menschen, vor allem den Intellektuellen unter ihnen, schließlich den letzten Glaubensschimmer zerstreut. Dieses Misstrauen sorgte dann in allen Ländern Europas für eine neue geistige Orientierung, die fast alles Göttliche ablehnte. Aus diesem Strudel entsprang später der radikale Materialismus, der Feuerbach behaupten ließ, dass die Religion das Opium für das Volk sei.

In dem berühmten Buch von Nietzsche "Der Antichrist´ fand diese negative Geisteshaltung der europäischen Denker gegenüber der Kirche ihren Niederschlag:

„Das Christentum hat uns um die Ernte der antiken Kultur gebracht, es hat uns später wieder um die Ernte der Islamskultur gebracht. Die wunderbare maurische Kulturwelt Spaniens, uns im Grunde verwandter, zu Sinn und Geschmack redender als Rom und Griechenland, wurde niedergetreten (ich sage 1010nicht von was für Füssen) warum? weil sie vornehmen, weil sie Männerinstinkten ihre Entstehung verdankte, weil sie zum Leben Ja sagte auch noch mit den seltenen und raffinierten Kostbarkeiten des maurischen Lebens! ...Die Kreuzritter bekämpften später Etwas, vor dem sich in den Staub zu legen ihnen besser angestanden hätte, eine Kultur, gegen die sich selbst unser neunzehntes Jahrhundert sehr arm, sehr "spät" vorkommen dürfte.

Freilich, sie wollten Beute machen: der Orient war reich ...Man sei doch unbefangen! Kreuzzüge - die höhere Seeräuberei, weiter nichts! Der deutsche Adel, Wikingeradel im Grunde, war damit in seinem Elemente: die Kirche wusste nur zu gut, womit man deutschen Adel hat... Der deutsche Adel, immer die "Schweizer" der Kirche, immer im Dienste aller schlechten Instinkte der Kirche, aber gut bezahlt... Dass die Kirche gerade mit Hilfe deutscher Schwerter, deutschen Blutes und Mutes ihren Todfeindschaftskrieg gegen alles Vornehme auf Erden durchgeführt hat! Es gibt an dieser Stelle eine Menge schmerzlicher Fragen. Der deutsche Adel fehlt beinahe in der Geschichte der höheren Kultur: man errät den Grund...Christentum, Alkohol - die beiden großen Mittel der Korruption...An sich sollte es ja keine Wahl geben, angesichts von Islam und Christentum, sowenig als angesichts eines Arabers und eines Juden. Die Entscheidung ist gegeben; es steht niemandem frei, hier noch zu wählen. Entweder ist man ein Tschandala oder man ist es nicht... „Krieg mit Rom aufs Messer! Friede, Freundschaft mit dem Islam", so empfand, so tat jener große Freigeist, das Genie unter den deutschen Kaisern, Friedrich der Zweite. Wie? muss ein

Deutscher erst Genie, erst Freigeist sein, um anständig zu empfinden? Ich begreife nicht, wie ein Deutscher je christlich empfinden konnte..."

Nietzsche / Der Antichrist / 60

1.2 Widerlegung einiger Einwände

Philosophisch gesehen ist das, was nicht von selbst her existiert, endlich und kann auch nicht existieren, daher muss es eine fremde Ursache geben, die es geschaffen hat. Hat die menschliche Vernunft diese Wirkursache erkannt, so stellt sie sich die Frage, ob sie wiederum von selbst her sei, sodass sie keiner fremden Ursache für ihre Existenz bedürfe. Sie verfolgt die Ursachenkette weiter, um die letzte von sich her seiende und alles andere schaffende Ursache zu ergründen. Sie erahnt intuitiv, dass diese Wirkursachenkette nicht unendlich sein kann. Denn sonst würde man sich eine unendliche Folge endlicher einzelner Wirkursachen vorstellen. Dies ist aber irrsinnig, da, wie gesagt, diese einzelnen Ursachen nicht von sich her sind und einer durch sich selbst seienden fremden Wirkursache bedürfen.

Da nichts sich selbst erschaffen kann, und schon gar nicht eine Schöpfung, die sich durch Entstehen und Vergehen verändert, muss es einen Schöpfer geben, der seit Urewigkeit existiert und unvergänglich الأول و الآخر ist. Darüber hinaus muss Er von unübertrefflicher Herrlichkeit sein und über die besten und absoluten Eigenschaften verfügen, sonst wäre Er nicht im Stande, die Schöpfung hervorzubringen und sie zu unterhalten.

Dennoch fällt es einem schwer, den Atheisten davon zu überzeugen, vor allem wenn man den berühmten Spruch von Horaz bedenkt:

„Was immer du mir so sagst, glaube ich nicht und hasse es".

Aber weil es so ist, muss es nicht heißen, dass man die Existenz Gottes im Denken und Handeln ausklammern sollen.

Wenn man den Verlauf der Diskussionen über die Existenz Gottes bis auf dessen Ursprung zurückverfolgt, findet man kaum jemand, der daran ernsthaft zweifelt. Höchstens diejenigen, die damit nicht klar kommen können. Und weil diese wissen, dass das Thema „Gott" überhaupt nicht wegzudenken[1] ist, sparen sie nicht an plausiblen Erklärungen, um diese Erkenntnis zu relativieren und die Menschen von ihr abzubringen. Solche Behauptungen sind öfter mit Ironie ja sogar mit bodenloser Frechheit eingefärbt. So meinen manche von ihnen, dass ein mächtiges Wesen einst die

---

[1] In diesem Sinne sagte Voltaire: „ Wenn es keinen Gott gibt, denkt man sich einen."

Schöpfung hervorgebracht und sie auf sich gestellt hatte, und seitdem muss sie allein zurechtkommen. So wie eine Uhr aus eigenem Antrieb läuft, nachdem man sie aufgezogen hat.

Andere behaupten, dass die Schöpfung als Ganzes anfangs schwach gewesen sei, daher konnte sie sich von selbst heraus nicht entfalten, geschweige denn neues Leben hervorbringen. Nun aber, wo sie ausgereift und mächtig geworden ist, kann sie ganz autonom schalten und walten, folgerichtig bedarf sie keines mächtigen Schöpfers mehr.

Die Atheisten zweifeln die Existenz Gottes immer wieder an, indem sie versuchen, Einwände dagegen vorzubringen. So stellen sie sich die landläufigen Fragen: Wenn Gott tatsächlich existierte, warum lässt er zuviel Leid zu, warum greift er nicht in das Weltgeschehen ein und verbietet die Ungerechtigkeit? Warum bestraft er nicht die Verbrecher und Despoten, die Menschen erbarmungslos entrechten und gnadenlos unterdrücken und Unschuldige töten?

Warum verhängt er den Tod über Säuglinge, die die Welt kaum haben erblicken können. Warum müssen Kinder sterben, die das Leben kaum genossen haben, so wie man einen Ableger, ihm jede Entfaltung missgönnend, aus dem Boden herausreißt…

Dass man sich solche Fragen stellt, ist zu

erwarten und in gewisser Hinsicht verständlich. Jedoch daraus zu folgern, dass es keinen Gott gibt, ist falsch und folgewidrig. Wenn man an Gott als den Schöpfer allen Seins glaubt, sollte man davon überzeugt sein, dass Er über unendlich große Macht verfügt, so dass unsere endlichen und bedingten Maßstäbe keineswegs ausreichen, um diese göttliche Omnipotenz zu verstehen. Man kann höchstens versuchen, mögliche Antworten auf diese Einwände anzuführen.

Was das Uhrmacherprinzip anbelangt, so trifft dies keineswegs zu. Denn die Vorgänge in der Schöpfung laufen nicht nur nach determinierten mechanischen Gesetzen ab, sondern sie sind quantenmechanisch unberechenbar.

Und der Einwand vom toten Säugling bzw. Kind ist emotionsbedingt. In dem Moment, in dem wir ein kleines Kind im Sterben liegen sehen, schaltet unsere Vernunft fast ab, und wir empfinden großes Mitleid mit dessen Angehörigen. Manch einer flucht und beginnt gar, an der Existenz Gottes zu zweifeln.

Die meisten Menschen sind von Mitleid erregenden Gefühlen durchströmt, sodass sie nicht im Stande sind, sich Gedanken darüber zu machen, was dem Kind später zuteil oder was aus ihm würde, wenn es am Leben bliebe. Er könnte an einer bösartigen Krankheit leiden, die seiner Familie alltäglich sehr große

15

Sorgen bereite, und er würde sich vielleicht den erlösenden Tod herbeiwünschen? Oder er könnte ein skrupelloser Verbrecher oder ein erbarmungsloser Despot werden, der unschuldige Menschen töten oder ihnen Schaden zufügen würde!? Was das Argument der ausbleibenden Bestraffung der Tyrannen betrifft, so weise ich auf den Gerechtigkeitssinn, der uns innewohnt, hin. Diese Gerechtigkeit muss ja früher oder später eintreten, sonst hätte der Sinn, der auf sie ausgerichtet ist, keine Bedeutung.

Folglich müssen manche Verbrecher und Tyrannen, die ihr Leben auf Kosten und Unglück Entrechteter und Unterdrückter genießen, irgendwann und irgendwo ihre boshaften Taten auf Erden büßen. Für die anderen Schuldigen hingegen, die im Diesseits nicht zur Rechenschaft gezogen werden, muss es ein jenseitiges Gericht geben, wo sie belangt werden.

Darüber hinaus behaupten einige Menschen, dass nur das existiere, was eine materielle Beschaffung hat. Auch dagegen ist folgendes einzuwenden. Es ist zwar wahr, dass der unsichtbare Teil der Materie aus stofflichen Elementen besteht, dennoch sind immaterielle Faktoren unabdingbar für Verdichtung und Zusammenhalt des Ganzen. Ohne Wirkung elektromagnetischer Felder auf die Elektronen und Protonen würde die Materie zerbrechen.

Ferner behauptet Marx: Die Materie bewege sich von selbst und werde in uns zur Idee. Unser Bewusstsein wäre demnach eine Spiegelung der Realität! Er vergisst aber oder er will es nicht wahr haben, dass dieser dialektische Werdegang der Materie zur Idee sich in unserem erkennenden Geist vollziehe, und der ist wiederum alles andere als materiell. Folglich gibt es mindestens ein Ewas, das keine materielle Beschaffenheit hat.

1.3 Die Gottesbeweise

Die Existenz Gottes ist zu offenkundig, als dass man einen Beweis ihrer Bestätigung anführen muss. Dennoch strengten sich viele Philosophen im Laufe der Geschichte an, das göttliche Dasein rational zu begründen. Einer dieser Beweise hat seither eine besondere Rolle gespielt, nämlich der ontologische Gottesbeweis. Ich erwähne zunächst die Grundzüge dieses Beweises, dann die Kritik, die Kant dagegen vorgebracht hat, dann die Kritik Hegels an Kant. Und zum Schluss erläutere ich die Islamische Sichtweise in Bezug auf die Existenz Gottes.

Der Beweis geht auf Anselm von Canterbury zurück. Er sagte: „Gott ist das, über dem Größeres nicht gedacht werden kann." Es ging Anselm darum, dass die Gottesidee, die uns innewohnt, auch ein reales Dasein haben muss.

Denn, wenn Gott so definiert ist, dann muss er auch real existieren. Anderenfalls kann man Größeres über Ihn denken, weil der Verstand in Bezug auf die bloße Vorstellung durchaus unendlich Größeres denken kann. Wenn aber ein Wesen, über das hinaus Größeres nicht gedacht werden kann, real existiert, so wird diese potenziale natürliche Fähigkeit des Verstandes entschärft. Die real existierende unübertreffliche Größe Gottes setzt ihm Grenzen, sodass er nicht Größeres denken kann. Folglich existiert Gott nicht nur im Verstand, sondern es gibt Ihn auch in Wirklichkeit.

Kant war der erste, der diesen Gottesbeweis ontologisch nannte, er brachte folgendes Argument dagegen vor:

„Das Wörtchen - ist - ist nur eine Kopula, es drückt nur aus, was das Prädikat mit dem Subjekt verbindet. Es fügt dem Subjekt nichts hinzu. Das Sein ist, so Kant, keine Existenz und somit keine Inhaltsbestimmung sondern nur Formbestimmung.

Er fügte hinzu: „Hundert wirkliche Taler enthalten nicht das mindeste mehr als hundert mögliche." Für unser Vermögen, so Kant, macht der Unterschied zwar wohl etwas aus - aber hundert Taler bleiben trotzdem hundert Taler, egal ob wir sie uns nur vorstellen oder ob wir sie wirklich besitzen. Die Existenz oder das Sein unserer Vorstellung ändert nichts an ihrem Inhalt, also kann man umgekehrt aus dem Inhalt einer Vorstellung nicht auf deren Existenz schließen.

Kant behauptete, dass das Sein aus dem Begriff sich nicht herausklauben lässt. Dieser Einstellung liegt zugrunde, dass Kant überhaupt die Möglichkeit der Einheit vom Sein und Begriff ausschließt: „Denke ich mir nun ein Wesen als die höchste Realität ohne Mangel, so bleibt noch immer die Frage, ob es existiere, oder nicht".

Anselm nahm in seiner Argumentation eine ausdrückliche Unterscheidung zwischen dem unendlichen absoluten Schöpfer und der endlichen bedürftigen Schöpfung vorweg, dennoch berücksichtigte Kant diese strenge Unterscheidung nicht. Dies verwunderte Hegel und veranlasst ihn, Kant zu kritisieren. Für Hegel muss die Einheit von Begriff und Sein am Anfang der Philosophie stehen, bevor sie vom Verstand in die Gegensätze zerlegt wird, um dann von der Vernunft wieder entdeckt zu werden. Die letztere hat die Aufgabe, am Ende des dialektischen Prozesses diese Einheit wieder zu etablieren, nämlich die Gegensätzlichkeit der These und Antithese in der Synthese aufzuheben. Ferner ist Gott, so Hegel, immer das Absolute, also die Einheit von Denken und Sein. Diese Einheit erlaubt, dass aus dem Begriff von Gott gewiss auf dessen wirkliches Dasein geschlossen werden muss. Hegel wirft Kant vor, dass er an der Getrenntheit von Denken und Sein festhalte, dabei ist die Vernunft auf die Einheit von beiden ausgerichtet. Ohne diese Identität zwischen Sein und Begriff, so Hegel, kann der Begriff Gott nicht gefasst werden. Macht sich der Begriff hingegen zur Realität, so wird seine Natur eingesehen. Jedoch darf er nicht als bloße Voraussetzung[2] sein, weil er sonst ein Subjektives sein muss.

2 Die islamische Erkenntnis

2.1 Die menschliche Freiheit und die Göttliche Bestimmung

>Er- Abraham - sagte: „Verehrt ihr eure eigenen Skulpturen (95), wo doch Allah euch und das, was ihr tut, erschaffen hat (96)." <
Koran/ Sure 37

Eines Tages wurde der Prophet gefragt, wo der Sinn unserer Taten liege, wenn alles durch den Göttlichen Willen bestimmt ist? Der Gesandte Gottes antwortete darauf:
„Handelt, denn jeder wird zu dem geführt, wofür er geschaffen worden ist."

---

[2]Allgemein gilt, dass die Identität (Einheit) zwischen Begriff und Sein nicht mehr eine Voraussetzung, sondern ein Ergebnis der Philosophie sei.

Diese zwei edlen Aussagen heben das Verhältnis zwischen der menschlichen Freiheit und der Göttlichen Bestimmung des Weltlaufes hervor.

Der Mensch ist ausgestattet mit Vernunft, die ihn zum scharfen Denken befähigt, und Willen, der ihm Entscheidungsfreiheit ermöglicht. Er freut sich maßlos, wenn er Entscheidungen trifft, die ihm Vorteile verschaffen und ihn zum Erfolg führen. Auch widersetzt er sich vehement jedem Versuch, ihm diese Errungenschaften zu entziehen. Aber sobald er Misserfolge erleidet, beginnt er mit seinem Schicksal zu hadern...

Die menschliche Handlungsfreiheit ist nur innerhalb der Göttlichen Bestimmung des gesamten Weltlaufes möglich. Diese Bestimmung setzt ein umfassendes Göttliches Wissen über alle Geschöpfe mitsamt ihren guten und bösen Taten voraus. Gott weiß schon in der Schöpfungsplanung alles, was sein wird, und nicht erst, wenn es geschieht.

Er offenbarte dem Menschen das Gute wie das Böse[3], und Er überlässt uns die freie Entscheidung zwischen den beiden.

Aber Er empfiehlt uns nur Gutes, und Er belohnt uns für gute Taten. Und Er verbietet kategorisch das Böse und bestraft üble Taten. Folglich darf der Mensch seine böswilligen Taten nicht auf die Göttliche Vorsehung

---

[3] Koran/Sure90/Vers 10

abwälzen, denn er hat paradoxerweise die Wahl gehabt, sie auch nicht auszuführen[4]. Wenn man die Freiheit des Menschen und die Göttliche Bestimmung des Lebens in diesen paradoxen Zusammenhang bringt, fällt es einem leichter, die Notwendigkeit des Bösen in der Welt einzusehen.

Trotzdem tun sich viele Menschen damit schwer, das Übel als Teil der paradoxen Seite des Lebens[5] einzustufen. Sie selber haben sich erstaunlicherweise mit dieser scheinbar widersinnigen Beschaffenheit des Lebens arrangiert, nehmen es den Anderen aber übel, wenn sie gerade dieses Argument anführen, um ihre Glaubensgrundsätze zu untermauern!

2.2 Die natürliche Veranlagung الفطرة

Der Muslim verspürt schon im frühen Alter die feste intuitive Überzeugung, dass es einen einzigen zu Recht angebeteten Gott gibt. Dieses angeborene Gefühl rührt von der

---

[4] Koran /Sure7/Vers 28-30

[5] Übrigens, wir leben mit etlichen Paradoxen, sie ziehen sich wie ein roter Faden durch unseren Alltag. In der Politik, wo die negative Stimme und das mit ihr einhergehende Überhangsmandat markante Beispiele dafür sind. Und in der Physik, wie das Hydrodynamische Paradoxon: Gegenstände, die an Strömungszonen von Gasen bzw. Flüssigkeiten angrenzen, werden in sie hineingezogen

Urerkenntnis, die Gott allen Menschen offenbart hatte[6].

Die elterliche Erziehung und die guten Einflüsse des sozialen Umfeldes festigen dieses Gefühl. Und im reifen Alter, wenn der Muslim seinen Verstand richtig einsetzt, wird diese Empfindung zu einer im Alltag erfahrbaren Überzeugung. Durch diese diskursive Bewusstwerdung des bereits im Herzen Vorhandenen nistet sich der Glaube auch in unserem Geist ein. Auf diese Weise kann der Gläubige jedem Zweifel an Glaubensgrundsätzen widerstehen, auch wenn er ab und zu Versuchungen anheim fällen könnte.

Nur die Engel, Propheten und Gesandte Gottes sind unfehlbar. Die anderen Muslime außer den Boten Gottes können durchaus Sünden begehen (Alkoholkonsum, Ehebruch etc.), ohne dass sie deswegen vom Glauben abfallen. Sie dürfen aber nicht darauf verharren, sondern sie müssen Gott um Vergebung bitten. Auch dürfen sie nicht auf Sünden bedacht sein, vielmehr aber sollten sie sich zeitlebens anstrengen, allen Versuchungen standzuhalten. Sie werden erst dann aus der islamischen Gemeinschaft ausgeschlossen, wenn sie bewusst an den Glaubensgrundsätzen (Einheit Gottes, Wahrhaftigkeit des Korans, das

---

[6] Koran/Sure7/Vers172

23

Jenseits, die fünf Säulen des Islam usw.) zweifeln.

Die Kraft, trotz allen atheistischen Strömungen beständig an Gott zu glauben, erhält der Muslim dadurch, dass er stets an Gottes Hilfe und Gnade denkt[7]. Der Mensch, allein auf sich angewiesen, kann Gefahr laufen, sich auf dem spekulativen Weg zu verirren, deshalb bietet Gott ihm Hilfe an. Wenn er die Göttliche Leitung befolgt, wird er in seiner geistigen Fähigkeit weder bevormundet noch beschränkt. Ganz im Gegenteil, er kann sich geistig immer entfalten, und zwar ohne vom rechten Weg abzukommen.

2. 3 Das Glaubensbekenntnis

Wenn man Muslim werden möchte, so muss man das folgende Bekenntnis aussprechen: Ich bezeuge, dass es keinen Gott außer Allah gibt und ich bezeuge, dass Mohammad sein Gesandter ist. Es darf nicht als bloßes Wort über die Lippen geleiert werden, sondern man muss mit Herz und Verstand an dessen Inhalt glauben: Der Muslim glaubt, dass es keinen zu Recht angebeteten Gott außer dem

---

[7]Durch das Auferlegen der alltäglichen und jährlichen gottesdienstlichen Handlungen (Fünfmaliges Gebet, Fasten usw.) erinnert Allah den Muslim daran, dass er sich jeglicher Überheblichkeit entledigen sollte.

24

Allmächtigen und Allwissenden Allah gibt und dass der gütige und auserwählte Mensch " Mohammad " sein Gesandter und Diener ist.

Zu Recht angebeteter Gott deshalb, weil es Menschen gibt, die zu unrecht andere Götter huldigen. Man fleht und betet die Tiere, die Sterne, den Mond, die Sonne, die Geister, die Engel usw. an. Diese alle sind nur Geschöpfe Gottes, sie können weder Nutzen bringen noch Schaden beheben.

Gott ist eins und einzig in seinem erhabenen Selbst, in Seinen schönsten Namen und Seinen edlen Eigenschaften.

„Und nichts ist Ihm ebenbürtig."

Koran/Sure112/Vers4

Er ist[8] erhaben über Seinem Thron, der wiederum über dem siebten Himmel ist. Gott schaltet und waltet von dort, und nichts entgeht Ihm. Mit Seiner Allmacht und Seinem

---

[8] „ Der Allerbarmer ist über Seinem Thron."

Koran/Sure20/Vers5

Wir glauben fest daran, ohne bildhafte Vorstellung zu machen. Es ist uns allgemein untersagt, Eigenschaften Gottes mit irgendetwas zu vergleichen. Mehr darüber erfolgt später.

Allwissen[9] umfasst Er die ganze Schöpfung ohne jegliche Ausnahme.
(Er- Allah- sagte: „Fürchtet euch nicht; denn Ich bin mit euch beiden. Ich höre und sehe."

Koran/Sure20/Vers 46

„Er kennt die Vergangenheit und die Gegenwart. Und sie begreifen nichts von Seinem Wissen, außer dem, was Er Ihnen gewährt. Sein Wissen umfasst die Himmel und die Erde und
ihre Erhaltung beschwert Ihn nicht. Und Er ist der Erhabene der Große. "

Koran/Sure2/Vers255

Der zweite Satz des Bekenntnisses widmet sich dem auserwählten Menschen und Diener Gottes. Man ist nur dann Muslim, wenn man auch an seine Berufung als den letzten Propheten und Gesandten Gottes fest glaubt[10].
Mohammad war ein vollkommener Mensch, der jedoch weder Göttliches in sich trug noch besaß er göttliche Eigenschaften. Er aß und trank wie die übrigen Menschen[11], und er

---

[9] Er weiß das, was es war, das, was es ist, und das, was sein wird.
[10] Koran/Sure 33/Vers40.
[11] Koran/Sure25/Vers7

musste schließlich den notwendigen Tod auch kosten.

„Und Mohammad ist nur ein Prophet wie jeder andere vor ihm, und wenn er stirbt oder umgebracht wird, wendet ihr euch vom Glauben ab."

Koran/Sure3/Vers144

Gott hat ihn aber auserwählt und sein Herz von jedwedem Bösen gereinigt. Im reifen Alter berief Er ihn zum Propheten und sandte auf ihn den edlen Koran herab. Er gewährte ihm unendliche Gnade und beschützte ihn vor seinen böswilligen Feinden: „...und Gott schützt dich vor den Menschen. "

Koran/Sure5/Vers66

Mohammad hatte einen sehr guten Charakter und war sehr bescheiden. Er begegnete den Menschen immer mit gutem Wesen. „Und du bist wahrlich guten Wesens."

Koran/Sure68/Vers4

„Und mit der Gnade Allahs warst du zu ihnen sanftmütig; doch wärst du schroff und hartherzig, hätten sie dich wahrlich verlassen."

Koran/sure3/Vers159

2.4 Die schönsten Namen Gottes

„Und Allahs sind die schönsten Namen, so ruft Ihn damit an und lasst diejenigen, die mit Seinen Namen abwegig umgehen. Ihnen wird das vergolten, was sie zu tun pflegten"

Koran/Sure7/Vers180

Die Anzahl dieser schönsten Namen ist uns nicht bekannt, wir kennen nur neunundneunzig davon.

Laut einer wahrhaftig überlieferten Prophetenaussage hat Allah andere Namen, die Er für sich behielt. Wenn wir Allah mit Seinen verschiedenen Namen anrufen, wenden wir uns ausschließlich an den Einen und Einzigen Gott, der Träger dieser Namen ist.

Von den schönsten Namen Gottes sind ruhmreiche Eigenschaften abgeleitet, die die Wirkung der ersteren hervorheben.

Die Göttlichen Eigenschaften sind keine bloßen Phrasen, sondern sie ziehen nach sich, was deren Begriff beinhaltet. Wenn ich zum Beispiel Allah mit dem Namen ´Allwissender´ anrufe und Ihn um eine Erleuchtung meines Geistes bitte, so bin ich davon überzeugt, dass dies, wenn Er es will, auch eintritt. Gott verfügt tatsächlich über das allumfassende Wissen und besitzt wirklich unendlich viele Möglichkeiten, meinen Geist zu erleuchten.

2.5 Die edlen Eigenschaften Gottes

Gleichwohl ob wir über das erhabene Selbst Gottes oder über dessen schönste Namen und edle Eigenschaften reden, müssen wir uns immer den folgenden Vers vor Augen führen:
„...nichts ist Ihm gleich, und Er ist Allhörend und Allsehend."

Koran/Sure42/ Vers11

Damit das Wort ´nichts´ manchen Menschen nicht dazu verleiten würde, dass Gott ein Nichts sein müsste, da sie Ihn mit keinem Vergleich anschaulich machen dürfen, hat Allah sich Allhörend und Allsehend zugesprochen. Ein Nichts kann nämlich keine wahrnehmenden Eigenschaften besitzen.
Gott, der Lebendige und Beständige, hat die schönsten Namen und edlen Eigenschaften. Sie sind mit Seinem erhabenen Selbst von Urewigkeit zu Urewigkeit verbunden.

الأسماء و الصفات قائمة بالذات من الأزل إلى الأبد

Die schönsten Namen schließen begrifflich sowohl das Selbst Gottes als auch die jeweils aus ihnen abgeleiteten Eigenschaften ein. So erinnert uns zum Beispiel der Name
´der Erschaffer´ stets an den schaffenden Gott selbst und an die Eigenschaft des Erschaffens. Ferner geht er zwangsläufig mit den Eigenschaften der Macht und des Wissens

einher, denn ohne diese beiden Fähigkeiten kann nichts geschaffen werden.

Im erhabenen Koran und in den Aussagen des Gesandten Gottes finden wir viele Stellen, in denen Menschen Eigenschaften zugesprochen werden, die den Göttlichen in der Schreibweise zwar gleich sind, jedoch dem Sinn nach eine unendlich schwächere Wirkung haben. Nehmen wir uns als Beispiel die Eigenschaft 'wissend'. Im Deutschen gibt es die Möglichkeit das Göttliche 'wissend' vom menschlichen zu unterscheiden, indem man diesem Wort die Vorsilbe 'All' voranstellt. Somit ist Gott Allwissend, während der Mensch nur wissend ist. So sagt Gott über den Propheten Isaak, dessen Geburt die Engel dem Propheten Abraham ankündigten:

>Sie sagten - die Engel - : „ Fürchte dich nicht, wir bringen dir frohe Botschaft von einem wissenden Jungen." <

Koran/Sure15/Vers53

Auch der Prophet Joseph sagte zum ägyptischen König:

„Mache mich zum Schatzkämmerer, wahrlich ich bin Wohlhüter und wissend."

Koran/Sure12/Vers55

Gott ist Allwissend während Isaak und Joseph nur wissend sind. Die beiden Propheten verfügten zwar über Wissen und konnten es in ihrem Alltag erfolgreich anwenden, jedoch ist diese Eigenschaft menschlicher Natur und kann niemals diese Grenze überschreiten. Darüber hinaus ist das menschliche Wissen eine gottgegebene Eigenschaft und von Gott abhängig, das Göttliche Wissen ist aber absolut und über jede Bedürftigkeit erhaben.

Dies ist ein allgemeiner Aspekt und kann auf das Selbst Gottes und auf alle seine Eigenschaften übertragen werden. Gott spricht, schafft…, wann immer Er will, der Mensch spricht, schafft…, wann immer er will. Aber die Göttlichen Eigenschaften sind keineswegs mit den menschlichen gleichzusetzen. Der Mensch ist ein hinfälliges, endliches und bedürftiges Geschöpf. Diese Schwäche haftet nicht nur an seinem Körper sondern auch an seiner Seele, seinem Geist und seinen Eigenschaften. Gott ist aber Allmächtig und Einzigartig. Seine herrliche Einheit ist über Zeit, Raum und alle kausalen Zusammenhänge erhaben.

>Sprich:„Er ist Allah, der Einzige(1), von Dem alles abhängt(2). Er wurde weder gezeugt noch zeugt Er(3). Und keiner ist Ihm gleich (4). <

Koran/Sure112

31

Allah besitzt zwei Arten von Eigenschaften: Die Selbst-Eigenschaften صفات الذات und die Eigenschaften des Handelns صفات الفعل.

Die Ersteren bilden mit dem Selbst Gottes eine in sich geschlossene Einheit. Sie sind notwendig für Sein vollkommenes Leben und gehören seit der Urewigkeit zum Allmächtigen. Dazu zählen unter anderem die Lebendigkeit, die Anfangslosigkeit, die Einzigartigkeit, die endlose Beständigkeit, das Sprechen, das Allhören, das Allsehen, die Allmacht, die vollkommene Weisheit...

Die Zweiten umfassen die Fähigkeit und den Willen Gottes, etwas Bestimmtes zu tun. Dieses willentliche Vermögen ist an sich eine Selbst-Eigenschaft, die jederzeit eine Handlung bewirken kann. So ist z. B. die Fähigkeit, Lebewesen und Dinge zu erschaffen, mit dem Selbst Gottes seit Urewigkeit verbunden. Der schaffende Vorgang, der durch diese Göttliche Eigenschaft jederzeit in Gang gesetzt werden kann, ist aber Eigenschaft des Handelns.

2.6 Das Wirken Gottes

Das Göttliche Schaffen geschieht immer für einen bestimmten Zweck und nicht zum Zeitvertreib:

„ Meint ihr etwa, dass Wir euch ohne Zweck geschaffen hätten und dass ihr nicht zu Uns zurückgeführt würdet [115]. Hoch erhaben ist Gott, der wahre Herrscher! Außer Ihm gibt es keinen Gott, und Er ist der Herr der höchsten gnadenreichen Allmacht. [116] "

Koran/Sure23

Gott schafft Dinge einerseits durch Vorgänge:

„Wir erschufen die Himmel und die Erde und was dazwischen ist, in sechs Tagen, ohne daß Uns Müdigkeit erfasste. "

Koran/Sure 50/Vers38

Andererseits bringt Er sie sofort hervor:
„...und blicke auf die Knochen, wie Wir sie zusammensetzen und dann mit Fleisch überziehen." Als ihm dies klar wurde, sprach er: Ich weiß, dass Allah die Macht hat, alles zu tun, was Er will."

Koran/Sure2/Vers 259

In beiden Fällen geschieht dies durch den Göttlichen Befehl, „ Sei!„:
„Er ist der Schöpfer der Himmel und Erde. Wenn Er eine Sache beschließt, so sagt Er zu ihr nur: sei!, und sie ist."

Koran/Sure2/Vers 117

Darüber hinaus beschränkt sich die Handlung Gottes nicht auf das Erschaffen, sie umfasst vielmehr jede andere Form: Er erhält die Schöpfung, Er lenkt das Schicksal, Er gibt und nimmt Leben, Er erhöht die einen und erniedrigt die anderen...Auch kennt das Göttliche Wirken kein Ende:
„Ihn bitten alle, die in den Himmeln und auf Erden sind. Jeden Tag befasst Er sich mit neuen Angelegenheiten.„

Koran/Sure55/Vers29

2.7 Die Einheit Gottes

Am Anfang war Allah, und nichts war außer Ihm. Er schrieb[12]alles nieder, was sein wird. Dann schuf Er das Universum, die Himmel und die Erde und das, was dazwischen liegt, in

---

[12]Die Niederschrift beinhaltet Schöpfungsplanung und Gesetze, die den Weltlauf regeln. „...Er hat tausend Jahre vor der Erschaffung der sieben Himmel und Erde alles, was sein wird, geplant." Dies ist eine wahrhaftig überlieferte Prophetenaussage.

sechs Tagen[13]. Daraufhin machte Gott das Leben auf Erden möglich, indem Er alles Lebensnotwendige auf ihr hervorgebracht hat. Damit ist die Schöpfung aber nicht abgeschlossen, denn Gott schafft, wann immer Er will.

Er erschuf die Engel aus Licht. Sie sind verständige Geschöpfe, aber sie haben keinen Willen, sie lobpreisen Allah ohne Unterlass[14]. Und Er brachte die Geister aus dem Feuer hervor, diese sind verständige und mit Willen ausgestattete Kreaturen. Gott setzte sie auf Erden und gebot ihnen, Ihm zu dienen. Nachdem sie sich vom Glauben abgewandt und Unheil auf Erden gestiftet hatten, schickte Allah die Engel dorthin, um diesem Übel den Garaus zu machen: Die Geister wurden bis auf einige vernichtet.

Dann erschuf Gott unseren Urvater Adam und seine Frau Eva. Er machte sie im Paradies ansässig und befahl ihnen, wie einst den Geistern, Ihm zu dienen[15]. Nach dem Sündenfall, mussten sie den Garten Eden verlassen, und sie landeten auf der Erde. Die beiden und ihre Nachkommen müssen auf ihr

---

[13] Koran/Sure50/Vers 38
[14] Koran/Sure21/Vers20
[15] „ Und Ich habe die Geister und die Menschen nur darum geschaffen, um Mir zu dienen"
Koran /Sure 51/Vers 56

leben und sterben[16]. Und wenn der Zeitpunkt, den Gott festgesetzt hatte, kommt, kehren wir alle zu Gott zurück, und wir legen Ihm Rechenschaft für unsere Taten auf Erden ab.

Zunächst einmal waren die Menschen eine einzige Gemeinschaft[17], und alle dienten Allah. Doch im Laufe der Zeit wandten sich etliche Menschen vom Göttlichen Wege ab, deshalb schickte Gott zu ihnen immer wieder Gesandte, auf dass sie zum wahren Glauben zurückfinden mögen[18].

Alle Propheten und Gesandten Gottes predigen im Kern den einen Glauben: Verinnerlichung der Einheit Gottes und entsprechende Verhaltensweise[19]. Die gottesdienstlichen Handlungen jedoch unterscheiden sich voneinander[20].

Man muss sich darüber im Klaren sein, dass Gott, den man verehren sollte, auch in Wirklichkeit existiert. Man darf Ihn nicht als bloß notwendiges Ideal abstempeln, sondern Ihm reales Dasein zuerkennen, wie es Seiner

---

[16] Koran/Sure7/Vers 19-25

[17] Koran/Sure2/Vers213

[18] „…und Wir bestrafen nie die Ungläubigen, ohne zuvor einen Gesandten zu ihnen geschickt zu haben." Koran/ Sure17/Vers15

[19] Koran /Sure21/Vers25

[20] „ …für jeden von euch (Gesandten) haben Wir ein Gesetz und einen Weg festgelegt…" Koran/Sure5/ Vers 48

Herrlichkeit gebührt. Da wir aber nicht im Stande sind, Sein herrliches Selbst zu entdecken[21], fordert Er dies erst gar nicht von uns. Wir sind vielmehr dazu angehalten, Seine notwendige Existenz durch Seine makellose Schöpfung zu erkennen.

„Gewiss, Ich bin Dein Herr, so zieh´ deine Schuhe aus, denn du bist im heiligen Tale Tuwa (12). Ich habe dich erwählt, so höre denn auf das, was dir offenbart wird (13). Ich bin Allah, es gibt keinen Gott außer Mir, drum diene nur Mir und verrichte das Gebet zu Meinem Gedenken (14)."

Koran/Sure20

Diesen Versen, wie übrigens vielen anderen, entnehmen wir, dass die Einheit Gottes zweierlei Bedeutungen hat: Einheit im Erschaffen[22] und Einheit im Gepriesenwerden[23]. Gott beginnt diesen Passus mit der Tatsache, dass Er Herr aller Lebewesen[24] und Dinge ist, Er allein schafft, beschützt und erhält sie. Er bedarf dazu

---

[21]Allah erwähnt dies im Koran/Sure7/Vers 142.
[22] Tawhid Ar-rububiyyah , توحيد الربوبية
[23] Tawhid Al-uluhiyyah, توحيد الألوهية
[24]Wir kennen nur einen Teil dessen, was Er schafft, der Rest ist uns verborgen. Siehe Koran /Sure16/Vers8.

keinerlei Hilfe, welcher Art auch immer sie sein möge. Und Er beendet ihn mit der Aufforderung, dass wir Ihm allein dienen sollten. Er legt uns darin die klare Botschaft ans Herz: Wer allein im Stande ist, die ganze Schöpfung hervorzubringen und zu erhalten, Dem allein muss man dienen und huldigen.

2. 8 Der edle Koran

2. 8.1 Einleitung

Wir müssen strikt unterscheiden zwischen dem erhabenen Koran und den edlen Aussagen des Propheten. Während der Koran ausschließlich das Wort Gottes ist, das durch den Engel Gabriel dem Propheten Mohammad vermittelt wurde, sind die Letzteren Worte des Gesandten Gottes, die aus der unmittelbaren[25] göttlichen Eingebung stammten.

Diese Unterscheidung rührt von der oben erwähnten allgemeinen Andersartigkeit her, die sich auf das erhabene Selbst Gottes und auf dessen unübertreffliche Eigenschaften und schönste Namen bezieht.

---

[25]In manchen Fällen auch durch Eingebung des Erzengels Gabriel, wie etwa die folgende Aussage:„Der heilige Geist - Gabriel - hat mir eingegeben, dass ein Geschöpf erst stirbt, wenn es seinen Lebensunterhalt verbraucht und seine Lebenszeit vollzogen hat"

Gott besitzt die Sprechfähigkeit von Ewigkeit zu Ewigkeit, sie ist unabhängig von der Schöpfung. Er hat diese Fähigkeit auch als Er ganz allein war und nichts außer Ihm existierte. In diesem Sinne ist die Sprechfähigkeit eine Eigenschaft des Selbst Gottes. Die Worte[26] Gottes sind hingegen Eigenschaften des Handelns, sie umfassen Gebote, Verbote und Erschaffungsbefehle[27]. Der edle Koran ist ein Teil dieser herrlichen Worte, er darf keineswegs als Geschaffenes[28] verstanden werden. Der folgende Vers verdeutlicht uns, dass das Wort Gottes in sich bestehend und erhaben ist. Allah sagt:„…und Er – Gott – erniedrigte so das Wort derjenigen, die ungläubig waren, während das Wort Gottes doch das erhabene ist."

Koran/Sure9/Vers40

Das Wort der Ungläubigen ist mit einem Akkusativobjekt ergänzt: es hat nämlich von Gott eine Erniedrigung erfahren. Gott sagt

---

[26] Sie sind unbegrenzt, siehe dazu
Koran/Sure18/Vers109 und Sure31/Vers27.
[27] >Wenn Er etwas beschließt, so sagt Er:„Sei!", und es ist.<　　　　　Koran/Sure2/ Vers 117

[28]Der heilige Koran an sich ist eine Eigenschaft Gottes. Wenn wir Koranische Texte vorlesen, so ist unsere Rezitation Geschaffenes.

anschließend nicht, dass Er dafür sein eigenes Wort erhöht hat, weil das Göttliche Wort in sich erhaben ist. Es bedarf keinerlei Erhöhung, deshalb steht es im Nominativ.

Der ruhmvolle Koran war von Allah in der wohlbehüteten Tafel niedergeschrieben und bei Sich aufbewahrt. Dann wurde er im Monat Ramadan[29], genauer in der Nacht der Bestimmung[30], als ganzes Buch ins Haus der Ehre[31], das sich im ersten Himmel befindet, gebracht. Von dort aus wurde er stückweise auf den Propheten Mohammad herab gesandt. Mal kam der Engel Gabriel mit einer ganzen Sure, mal mit nur einigen Versen. Allah wollte, dass die Araber, die ja zum größten Teil Analphabeten waren, im Islam heranreifen, deshalb sandte Er den Koran nicht auf einmal, sondern verteilt auf 23 Jahre

---

[29]Der islamische Mondmonat, währenddessen die Muslime fasten: Essen (Speise aber auch Kaugummi und Derartiges), Trinken, Geschlechtsverkehr (auch Zärtlichkeiten) und Rauchen sind vom Frühlichtsaufgang (der erste morgige deutliche Lichtstreifen am Horizont und nicht Sonnenaufgang, wie Viele irrtümlich meinen) bis zum Sonnuntergang untersagt. Ramadan ist die dritte Säule des Islam.
[30]Eine der letzten zehn Nächte im Monat Ramadan, wahrscheinlich ist sie die Nacht zum 27.
[31]Bait Al- ízzah, بيت العزة im ersten Himmel (As-sama´ Ad-duniah, السماء الدنيا

herab[32]. Innerhalb dieser langen Zeitspanne fiel es ihnen leichter, den Koran zu verinnerlichen. Darüber hinaus konnten die meisten unter ihnen einen großen Teil des Korans jeder Zeit aus dem Gedächtnis hersagen, viele wussten ja sogar das ganze edle Buch auswendig.

Während dieses langen Lernprozesses hob Gott manche Verse auf und ersetzte sie durch andere[33].

---

[32]Der Koran wurde dem Propheten binnen 23 Jahren mitgeteilt: von dessen Berufung, im Alter von vierzig Jahren, bis zu seinem Tod.

[33] In diesem Sinne sagt Allah:" Wenn Wir einen Vers aufheben oder ihn in Vergessenheit geraten lassen, so bringen Wir einen besseren oder gleichwertigen hervor, weißt du denn nicht, dass Allah zu allem Macht hat." Koran/ Sure 2/Vers 106. Übrigens das Personalpronomen - Wir – darf nicht dazu verleiten, dass es sich um mehrere Götter handelt oder dass jemand anders neben Gott Entscheidungen trifft. Das Fürwort ist ausschließlich ein Pluralis majestatis d.h. Plural der Erhabenheit, wie das auch in anderen Sprachen üblich ist.

Dies trat immer wieder ein, wenn die Muslime im Stande waren, eine Gewohnheit[34]abzulegen oder ein Verbot[35] einzuhalten.

Das Aufheben النسخ war allerdings vor dem Tod des Propheten vollzogen, sodass danach nur der aufhebende Vers für unsere Verhaltensweise gilt. Einige aufgehobene Verse sind noch heute im Koran vorhanden.

Der edle Koran ist ausschließlich das Wort Gottes. Der Engel Gabriel, von Allah beauftragt, trug dem Propheten Mohammad Korantexte vor, und er seinerseits diktierte sie seinen Schriftführern unmittelbar danach. Und wenn sie mit dem Schreiben fertig waren, forderte er sie auf, vorzulesen, was sie niederschrieben. Auf diese Weise konnte zu Lebzeiten des Propheten sichergestellt werden, dass der ganze Koran vollkommen fehlerfrei niedergeschrieben wurde.

Da die Araber nicht reich genug waren, um sich den teuren Papyrus zu leisten, haben sie die Korantexte auf Palmenstämmen, Steinen

---

[34]Wie die Änderung der Gebetsrichtung. Zunächst beteten die Muslime in Richtung Jerusalem, dann wurde dies aufgehoben, und wir beten seitdem in Richtung Kaaba/ Mekka. Siehe Koran/ Sure2/ Vers 144.

[35]Wie der Alkoholkonsum, -Handel und das Glücksspiel. Allah sagt, dass das Übel von beiden ihren Nutzen überwiegt (Koran/Sure2/219). Es stand den Muslimen zunächst frei, ob sie davon ablassen oder nicht, das Verbot von beiden kam später (Koran/Sure 5/Vers 90).

und Schulterblättern von Kamelen geschrieben. Der erste Kalif Abu Bakr ließ aus diesen sicher aufbewahrten Teilen ein Buch zusammentragen, so bekam der edle Koran seine erste Buchgestalt. Später ließ der dritte Kalif Uthman dem Buch Gottes die letzte Korangestaltung[36] zukommen.

2.8.2 Die moderne Wissenschaft bestätigt den Inhalt des Korans

2.8.2.1 Die Planeten

Ferner waren die Himmel und die Erde am Anfang eine einheitliche Masse, dann hat Allah sie getrennt, und Er erschuf alles Lebendige aus dem Wasser[37].

Der Koran berichtet, dass Die Sonne, der Mond und die Erde keine starren Gebilde sind, sondern sie bewegen sich auf ihren jeweils eigenen Bahnen. Diese Bewegungsstrecken sind so festgelegt, dass keiner dieser Himmelskörper gegen den anderen stoßen kann[38].

---

[36]Diese Zusammentragung und Gestaltung des Korans hat nichts an dessen Inhalt verändert. Alles ist beim Urtext geblieben, der auf den Propheten herab gesandt wurde.

[37] Koran/ Sure 21/Vers 30

[38] Koran/ Sure36/Vers 37- 40

Der Koran[39] berichtet vor mehr als vierzehn Jahrhunderten, dass der Himmel eine Rauchwolke war, bevor Gott ihn zu seiner jetzigen makellosen Gestalt geformt hat. Wissenschaftliche Entdeckungen haben im 20. Jahrhundert diese Koranische Kenntnis bestätigt.

2.8.2.2 Die Geburt des Menschen

„Wahrlich erschufen wir den Menschen ursprünglich aus Lehm (12). Hierauf machten wir ihn zu einem Samentropfen in einem festen Aufenthaltsort (13). Dann schufen wir den Samentropfen zu einem geronnenen Blut, dann schufen wir dies zu einem kleinen Fleischklumpen, dann schufen wir diesen zu Knochen, dann bekleideten wir die Knochen mit Fleisch. Hierauf ließen wir ihn als eine weitere Schöpfung (Einhauchung der Seele in den Körper) entstehen. Segensreich ist Allah, der beste Schöpfer (14)."

Koran/Sure 23

Kein Mensch war damals im Stande, etwas Konkretes über die Entstehung des menschlichen Lebens auszusagen. Weder die Wissenschaftler der antiken Kulturen noch die Zeitgenossen des Gesandten Gottes

---

[39] Koran/Sure 41/Vers11

vermochten dies. Auch er selbst konnte dies nicht von sich behaupten, wenn er nicht die göttliche Eingebung gehabt hätte. Erst die wissenschaftlichen Entdeckungen des vergangenen Jahrhunderts brachten ans Tageslicht, wie das Leben im Mutterleib zustande kommt. Diese Tatsachen stimmen mit dem Inhalt der obigen Verse völlig überein. Demnach lässt Allah den Mutterleib zu einem festen und sicheren Ort für das weibliche Ei werden. Wenn der männliche Samen auf die weibliche Zelle trifft, dringt sein Kopf hinein und befruchtet sie. Darauf erfolgt die Teilung der befruchteten Zelle: in zwei, vier, acht und schließlich in sechzehn Zellen. Dieses Entstehungsstadium, das innerhalb von vier Tagen erreicht wird, nennt man Morula. Danach wird diese Keimzelle zu Knochen, die mit Fleisch bedeckt werden. Alsdann wird dem Leibe der Lebensgeist eingehaucht.

2.8.2.3 Der Fingerabdruck

"Ja doch! Wir sind imstande, sogar seine Fingerspitzen gleich zu machen. "

Koran/Sure 75/Vers 4

Jeder Mensch hat einen ihm spezifischen Fingerbadruck. Nicht einmal die Zwillinge haben die gleichen Strukturen ihrer

45

Fingerkuppen, obwohl ihre Zellen bekanntlich die gleichen DNS-Anordnung besitzen. Diese Eigenschaft der Fingerabdrücke, die erst im späten 19. Jahrhundert entdeckt wurde, hat man in die Kriminalistik aufgenommen: Der hinterlassene Fingerabdruck eines Verbrechers ist eine sichere Spur zur Feststellung seiner Identität.

2.9 Die edlen Aussagen des Propheten

2.9.1 Einleitung

Der Engel Gabriel brachte dem Propheten nicht nur den edlen Koran, sondern andere Botschaften. Dies geschah entweder im Wachsein oder im Traum. Der Bericht über diese Art von Eingebung nennt man Al-hadith An-nabawi الحديث النبوي. Diese Aussagen bilden die zweite Quelle der islamischen Legislative. Darunter sind Aussagen, deren Sinngehalt dem Allmächtgen zugeprochen werden, aber der Prophet durfte sie mit seinem eigenen Wortlaut formulieren, diese Kategorie wird Al-hadith Al-qudsi الحديث القدسي genannt. Solche Aussagen dürfen wir nicht in den Gebeten rezitieren; denn sie sind nicht mit dem edlen Koran zu vergleichen.

Aber nicht alles, was dem Propheten zugeordnet wird, hatte er auch tatsächlich gesagt, deshalb haben die Gelehrten eine strenge Methode entwickelt, wodurch sie die Überlieferung der Hadithe auf die Authentizität prüfen. Es geht darum, ob man die Aussagen des Propheten wahrhaftig überliefert hatte oder nicht. Ob man dem Propheten bei der Überlieferung nicht doch Mitteilungen zuordnete, die er gar nicht gemacht hatte.

Man unterscheidet zwischen dem Inhalt der Aussagen und deren Überlieferer-Ketten. Das erste nennt man Al-matn المتن und das zweite As-sanad السند oder Al-isnad الإسناد. Eine Aussage wird dem Propheten nur dann zugeordnet, wenn sowohl deren Inhalt als auch alle Glieder ihrer Überlieferer-Kette bestimmte Voraussetzungen erfüllen. Was Al-matn anbelangt, so muss es mit dem Inhalt des Korans und mit den realen immer gültigen Gegebenheiten übereinstimmen. Und As-sanad muss aus einer lückenlosen Kette frommer Menschen bestehen, die einen guten Leumund haben und über ein gutes Gedächtnis- und Auffassungsvermögen verfügen. Eine einzige bewiesene Lüge genügt, um ihren Erzähler aus dieser Kette fallen zu lassen. Dies ist auch der Fall, wenn sein Bericht ungenau ist. Manchmal gibt es sogar mehr als eine Kette für nur eine Aussage, sodass man all diese Ketten prüfen musste.

An dem Zeitpunkt, als die letzte Hadith-Sammlung verfasst war, ist ein Meilenstein festgelegt worden, danach kam keine andere Hadith-Sammlung mehr zustande. Entscheidend für die Authentizitätsprüfung der Hadithe sind die einzelnen Männer[40] vor diesem Meilenstein, nicht diejenigen, die nach diesem Zeitpunkt kommen. Auch ist es nicht notwendig, dass wir eine Prophetenaussage mit dem Namen aller sie überliefernden Männer zitieren. Es gehört sich aber, die Hadith-Quelle als Referenz anzugeben, in der sich diese Aussage befindet, sodass jeder sie nachschlagen kann. Auf diese Weise wird gewährleistet, dass die Hadithe, die man zu einem bestimmten Zweck in Umlauf bringt, wahrhaftig überliefert worden sind.

Die einzelnen Überlieferer gehören der gleichen Generation[41] oder der aufeinanderfolgenden an. Jedoch ist die erste Generation, die die Gefährten des Propheten

---

[40]Ausgehend von demjenigen, der die Hadithe in einem Buch zusammengetragen hat, bis zum Propheten. Es ist zwar immer noch üblich, dass man Hadithe über Lehrer-Ketten erlernt, die lückenlos von den heutigen Schülern bis zu diesem Meilenstein reichen. Dennoch sind die einzelnen Glieder dieser Ketten für die Wahrheitsprüfung der Prophetenaussagen nicht maßgebend, da vor diesem Meilenstein bereits alle vorhandenen Hadith-Sammlungen auf Authentizität geprüft worden waren.

[41]Die Ebene der Prophetengefährten, die Ebene der darauf folgenden Generation usw. bis zum letzten Menschen in der Kette, der die Hadithe in einem Buch zusammengetragen hat.

umfasst, wegweisend für die kennzeichnende Hadith-Einstufung. Ist die Prophetenaussage von einem seiner Gefährten oder zwei oder drei überliefert worden, so gilt sie als einzelne Aussage الحديث الآحاد. Beim höchsten Rang der Hadithe, dem so genannten Al-hadith Al-mutawatir الحديث المتواتر, muss die Anzahl der Prophetengefährten so groß sein, dass es keinen Zweifel an dessen Authentizität gibt. Jede schwerwiegende Beanstandung[42] العلة القادحة führt zu der Anzweifelung betreffender Aussage. Sie wird dann als nicht einwandfrei überlieferte Aussage bezeichnet الحديث الضعيف und ist nur unter bestimmten Umständen als Rechtfertigung einer Handlung vorzubringen.

Das erste umfassende Hadith-Buch war im zweiten Jahrhundert der Islamischen Zeitrechnung[43]von Malik Ibn Anas, dem

---

[42] In Bezug auf Lücken in der Kette oder bezüglich der Frömmigkeit oder des Gedächtnisvermögens eines Überlieferers

[43]Nach Al-hidschra, die Auswanderung des Propheten von Mekka nach Medina, dies geschah im Jahre 622 n. C. Vor dieser Sammlung hatten die Muslime die Hadithe hauptsächlich mündlich überliefert. Der Prophet und später seine Kalifen wollten, dass man erst den Koran verinnerlicht, deshalb haben sie nur in notwendigen Fällen erlaubt, Hadithe niederzuschreiben. Erst im Jahre 100 H. (722 n. C.) hob der omayyadische Kalif Omar Ibn Abdel ´aziz diese Einschränkung auf und forderte dem Gelehrten Az-zuhri, Hadithe zu schreiben.

besten Gelehrten seiner Zeit, verfasst worden. Es trägt den Titel Al muwatta´. Später kamen andere Hadith-Bücher hinzu. Jedoch zwei unter ihnen sind hervorzuheben: die Sammlungen von Al-bukhari und Muslim. Die beiden Männer waren hervorragende Hadith-Kenner und sehr fromm. Al-bukhari ist ein Rang höher von der Wahrhaftigkeit her und Muslim ist besser in der Ausführung und Darstellung.

2.9.2 Das Verständnis der Koran-Aussagen

Wenn man[44]eine Stelle im Koran nicht versteht, sollte man zunächst im Koran selbst nach möglichst ähnlicher Stelle suchen. Denn öfter ist ein unklarer Vers in der gleichen oder in einer anderen Sure deutlich erläutert.
Durch das folgende Beispiel werde ich versuchen, dies zu verdeutlichen. Allah sagt: „Verrichtet das Gebet und entrichtet die Armenabgabe...“

Koran/Sure2/Vers110

---

[44]Das kann jeder tun, Gelehrter und Nichtgelehrter, denn es geht hierin nicht um ein religiöses Urteil, welches nur den Wissenden vorbehalten ist. Sondern es handelt sich in diesem Fall ausschließlich um die Suche nach einer im Koran und/oder in den Hadith-Sammlungen schon erklärten Stelle.

Gott spricht an dieser Stelle allgemein von der Entrichtung der Pflichtabgabe[45], die ja die vierte Säule des Islam ist, erst in der 9. Sure im 60. Vers zeigt Er uns, wem sie zu Gute kommt: „Die Abgaben sind nur für die Armen, die Bedürftigen, diejenigen, die sie sammeln[46], diejenigen, deren Herzen für den Islam gewonnen werden sollen, den Loskauf von Sklaven[47], die Verschuldeten, auf Allahs Weg und für den Durchreisenden, als Verpflichtung von Allah. Allah ist Allwissend und Allweise." Wenn wir im ganzen Koran keine Erklärung dieser Passage finden sollten, so suchen wir in den Aussagen des Propheten weiter. Im gleichen Vers fordert Gott uns auch auf, das Gebet zu verrichten[48], allerdings wissen wir aus diesem allgemeinen Wortlaut nicht, wie wir es ausführen sollten. Der Prophet hat uns erklärt, wie wir das Gebet zu verrichten haben.

---

[45]Verbindlich für alle Muslime. Wenn ein Muslim eine Geldsumme (Sachgeld, Buchgeld, Gold, Silbe u. ä.) besitzt, die die festgesetzte Abgabengrenze überschritten und während eines ganzen Mondjahres nicht darunter gelegen hat, so muss er 2,5 % davon an die Staatskasse abgeben. Auch für d
[46] Die den Auftrag haben, die Steuern zu sammeln. Sie bekommen für diese Arbeit einen bestimmten Teil von diesen Abgaben, auch wenn sie selber reich sind, es sei denn, sie verzichten freiwillig darauf. Sie werden durch diese Tätigkeit aber nicht von ihrer Abgabenpflicht entbunden.

So sagte er eines Tages zu einem seiner Gefährten:

---

[47]Dies darf nicht dazu verleiten, dass der Islam die Sklaverei duldet. Keineswegs. In der Islamischen Verfassung sind die Menschen alle gleich, und niemand darf den anderen entmündigen oder als Eigentum behandeln. Doch damals maßten sich die Stärkeren und Reichen an und versklavten die Schwachen, die nicht unbedingt Schwarze waren. Die Weisheit Gottes löst nicht soziale Probleme, indem sie neue Konflikte hervorruft, sondern indem sie den Menschen moralisch in die Lage versetzt, seine menschenunwürdigen Handlungen zu verachten. So kann er sich ihrer möglichst bald entledigen.

In der Tat, das Verbot der althergebrachten Sklaverei drang allmählich ins Bewusstsein der Muslime, und es festigte sich bald darin, sodass es bereits zu Lebzeiten des Propheten keinen Sklaven mehr gab. Die üblen Lebensgewohnheiten, die sich über Jahrhunderte bei den Menschen eingenistet haben, können nicht von heute auf morgen abgestellt werden. Der Versuch, dies mit Gewalt zu erzwingen, ohne die Menschen vorher darüber konsequent aufzuklären, führt meistens zu Bürgerkriegen oder ähnlichen Konflikten, die der Zivilisation des Menschen keineswegs dienen.

[48] Gott erwähnt das Gebet im Koran teils als kompakten Begriff, wie im vorliegenden Vers : „Und verrichtet das Gebet und entrichtet die Armenabgabe", teils als vereinzelte Einheiten wie etwa „O ihr, die ihr glaubt, verbeugt euch und werft euch nieder…"

Der Prophet und seine Gefährten beteten zunächst zwei Rakaat (Gebetseinheiten) je vor Sonnenaufgang und Sonnenuntergang. Dann kam der Engel Gabriel zum Propheten und teilte ihm die neuen festgelegten fünf Gebetszeiten mit. .

(Wenn du das Gebet verrichtest, schau nach der Kibla[49]und sage: „Allah ist groß", dann lies vom Koran vor, was du kannst, dann verbeuge dich, dann richte dich wieder auf, und werfe dich nieder...)

Es darf jedoch kein falscher Eindruck aufkommen, dass der Koran unvollkommen sei und dass er einer menschlichen Ergänzung bedürfe, sondern Allah hat es so gewollt und so vorbestimmt, dass sein menschlicher Gesandter auch an der Göttlichen Gesetzgebung teilnimmt, damit der Glaube bei den Menschen leicht ankommt und gut verinnerlicht wird. Dadurch erweist Allah seinem Gesandten höchste Ehre und den Muslimen große Gnade:

"Wahrlich hat Allah den Gläubigen seine Gnade erwiesen, als Er aus ihrer Mitte einen Gesandten auserwählt hat, der ihnen Seine

---

[49] In Richtung Kaaba/Mekka

Zeichen verliest, sie läutert und das Buch und die Weisheit lehrt; zuvor waren sie gewiss in offenkundigem Irrtum."

Koran/Sure3/Vers 164

3 Die Vorgehensweise der Gelehrten

3.1 Die Richtlinien der islamischen Jurisprudenz

Einer der Grundpfeiler des Islam ist der Glaube an die Unfehlbarkeit aller Propheten und Gesandten Gottes, deshalb waren zu Lebzeiten des Propheten der Koran und die Hadithe die einzigen Gesetzesquellen.

Der Prophet übte in seiner näheren Umgebung die Judikative und die Exekutive selbst aus, manchmal betraute er seine Gefährten mit der letzteren. Wenn er jemanden zu einem Stamm schickte, um dessen Angehörigen islamische Kenntnisse zu vermitteln, beauftragte er ihn zugleich mit der Rechtsprechung. Er ließ ihm einen freien Entscheidungsraum über die Angelegenheiten, über die er keine Anweisungen hatte.

Nach dem Tod des Gesandten Gottes wurde die islamische Gesetzgebung um andere Normen erweitert, die wichtigsten davon sind der Konsens und die Analogie. Das Erstere ist die Übereinstimmung aller zeitgenössischen islamischen Gelehrten in dem zu behandelnden Sachverhalt. In der Generation der Prophetengefährten und in der darauf folgenden war es leicht so einen Konsens zu erzielen. Mit wachsender Anzahl der Muslime und zunehmender Ausdehnung des islamischen Staates wurde dies schwer, es ist jedoch nicht unmöglich.

Es gibt, wie ich bereits erwähnt habe, eindeutige und mehrdeutige Koranische Verse und Hadithe. Wenn klare Texte vorliegen, so sind sie an sich für unsere Handlungen verbindlich. Niemand darf sich über sie hinwegsetzen und eine andere Richtlinie suchen لا اجتهاد مع النص.

Wenn keine eindeutigen Texte vorliegen, so müssen die Gelehrten sich geistig anstrengen und einen Konsens finden, der die Klärung des auftretenden juristischen Falles ermöglichen soll. Die mehrdeutigen Texte, wenn vorhanden, die mit dem vorliegenden zu lösenden Fall irgendwie zusammenhängen, müssen von den Gelehrten als Stütze für ihren Konsens herangezogen werden, damit ihr gesetzgebender Akt keiner Willkür verfällt. Sind solche nicht vorhanden, so müssen die Gelehrten ihre Übereinstimmung mit einem gemeinnützigen Zweck المصلحة المرسلة rechtfertigen.

Die zweite Richtschnur nennt man Legislative mittels Analogie, Al qiyas القياس.

Es geht hierin um eine Rechtslage, über die weder im Koran noch in den Hadithen eindeutige Aussagen vorliegen. Die Gelehrten ziehen einen Vergleich mit einer schon gelösten rechtlichen Begebenheit, wobei die beiden zu vergleichenden Rechtslagen einen gemeinsamen klaren Verbots- bzw. Gebotsgrund العلة haben müssen. Übrigens kann die Analogie sowohl als Richtschnur für einzelne Gelehrte wie auch als Stütze eines Konsenses gelten.

3.2 Die arabische Sprache

Die arabische Sprache ist der notwendige Schlüssel zum guten Verständnis der islamischen Lehre. Ehe man sich dem edlen Koran und den ruhmreichen Aussagen des Propheten zuwendet, sollte man sich vorher ausreichende arabische Kenntnisse aneignen.

Wenn man die arabische Semantik und Syntax erlernt, wird man mehr Verständnis für die islamischen Texte aufbringen. Dies ist ein langwieriger Prozess und erfordert intensives Engagement, zumal die arabische Sprache für einen Mitteleuropäer völlig fremd ist. Aber wo ein Wille ist, da ist ein Weg.

Das beste Arabisch[50] hat sich aus verschiedenen arabischen Dialekten herausgebildet, es wurde bis ca. 822 n. C. gesprochen, dann beschränkte es sich nach und nach auf die Elite[51].

Die meisten Araber waren Analphabeten, ihnen wurde die Sprachkunst mündlich überliefert, sodass sie von Natur aus die grammatischen Kenntnisse beherrschten und die richtige Wortwahl trafen. Die wenigen, die Schreiben und Lesen konnten, kannten weder Punkte, um ähnlich geschriebene Buchstaben voneinander zu unterscheiden, noch Vokalisationszeichen, um Deklination der Substantive und Konjugation der Verben darzustellen. Man musste über einen ernorm großen Wortschatz und ein umfassendes

---

[50]Eine wahrhaftig überlieferte Prophetenaussage berichtet, dass der Prophet Ismael - Sohn Abrahams- der erste war, der das beste Arabisch sprach. Er ist der Urvater der arabischen Adnaniten, dazu gehört Koraisch, der Stamm des Propheten Mohammad. So gelten die damaligen Adnaniten als die eloquentesten Araber. Heute zutage wird zwar von Marokko bis zum arabisch-persischen Golf die Grammatik und Rhetorik an den Schulen und Universitäten gelehrt, aber es gibt leider kaum jemanden, der diese Kenntnisse auch gut in die Praxis umsetzt. Es gibt mit Sicherheit Menschen, die ein fundiertes theoretisches Wissen über das Arabische haben, doch nur sporadisch trifft man solche, die sich mehr oder weniger gut artikulieren können.
[51] Gelehrten und Regenten

grammatisches Wissen verfügen, um beim Lesen diesen Mangel überwinden zu können.

Später fügte der arabische Gelehrte Al-khalil Punkte und Vokalisationszeichen zu den bisher bloßen Buchstaben hinzu. Dadurch wurde das Lesen wesentlich einfacher. Dies war die erste und letzte Reform der arabischen Sprache.

Der Islam veranlasste die Araber, das Lesen und Schreiben zu erlernen. Die Sure, die als Erste auf den Propheten herab gesandt wurde, fängt damit an:„Lies im Namen deines Herrn, Der erschuf. Er erschuf den Menschen aus einem Blutklumpen. Lies; denn dein Herr ist Allgütig, Er brachte dem Menschen das Schreiben bei und lehrte ihn, was er nicht weiß."

Koran/Sure96/Vers1-5

Die Gelehrten gingen in die Wüste zu beredsamen Beduinen[52]. Sie fragten sie über den Ursprung und Sinn der Wörter des damals

---

[52] Vor allem diejenigen aus Mekka, Medina und den nah liegenden Ortschaften. Später kamen einige Beduinen in die Städte und verbreiteten ihr sprachliches Können gegen Entgelt. Manche haben bewusst Wahres mit Falschem vermengt, um ihre sprachliche Ware und somit den Gewinn zu vermehren. Aber die scharfsinnigen Gelehrten waren darauf gefasst, deshalb verglichen sie Aussagen verschiedener Beduinen miteinander. Und schon bald war es bekannt, welcher Erzähler log und welcher aufrichtig war.

benutzten Wortschatzes. Sie verglichen die mündlich überlieferten arabischen Texte, die hauptsächlich in Versen waren, mit denen der Beduinen. Sie nahmen nur diejenigen Wörter und Verse auf, die von vielen Beduinen einstimmig bestätigt waren. Anhand dieses belegten Wortschatzes hatten die Gelehrten die ersten Wörterbücher zusammengetragen und die grammatischen Regeln aufgestellt. Nach dieser Überlieferungsära عصر الرواية war ein Meilenstein in der arabischen Sprache errichtet worden.

So gilt ein Wort als gehoben الفصيح, wenn es belegt war und von den beredsamen Arabern bis zu diesem Meilenstein benutzt wurde. Fast alle diese Wörter sind durch Verse großer Dichter belegt, beinahe jedes einzelne Wort ist in mindestens einem Vers erwähnt.

Die Wörter, die erst danach in den Verkehr kamen, bezeichnet man als neu geprägt[53] المولد. Um den Anforderungen der modernen Zeit gewachsen zu werden, führen die arabischen Länder einstimmig immer wieder neue Wörter ein المحدث.

Die neu geprägten und modernen Wörter werden nicht als Belege herangezogen, weder für die religiösen noch für die grammatischen Sachverhalte. Man benutzt sie im technischen und stilistischen Bereich. Darüber hinaus sind

---

[53] Neuwort od. Neubedeutung eines bereits existierenden Wortes

sie eine Bereicherung der arabischen Umgangssprache.

Um die Vorgehensweise der Gelehrten zu verdeutlichen, führe ich zwei Beispiele an. Im ersten geht es um die Bedeutung der gehobenen arabischen Wörter bei der Beweisführung im Bereich der gottesdienstlichen Handlungen. Und im Zweiten geht es um die Legitimation für die Einführung eines neuen Begriffes im Bereich der Glaubensgrundsätze.

3.3 Ein Beispiel über die Anwendung des Arabischen

Wenn ein Gelehrter die Bedeutung eines im edlen Koran oder in den wahrhaftig überlieferten Prophetenaussagen vorliegenden Wortes nicht kennt, worauf er sich bei der Erklärung eines Sachverhaltes oder Erstellung eines religiösen Gutachtens beziehen will, so sucht er danach in den besagten Wörterbüchern. Dies ist auch der Fall, wenn er seine Bedeutung kennt, aber sie ist zwei- oder mehrdeutig. Es gelten für diesen Zweck nur die Zitate arabischer Dichter, die vor dem Meilenstein gesammelt worden waren.
Dieser ganze Wortschatz ist durch Verse bzw. metrische Sprüche - wenig Prosa - schriftlich belegt. Egal ob es sich dabei um die

Bedeutung eines Wortes oder um die Feststellung seines grammatischen Geschlechtes handelt, muss es durch diese Belege nachgewiesen werden. Taucht ein Wort dennoch nur im Koran auf, so ist es selbst als Beleg zu gebrauchen, auch wenn es bisher in keinem überlieferten Vers oder Text vorkommt. So taucht das Wort fasaqa فسق, was so gut wie "vom rechten Weg abweichen" bedeutet, zum ersten Mal im Koran auf. Die glaubwürdigen Arabisch-Kenner bestätigten, dass dieses Wort den eloquenten Beduinen bekannt war.

Hinzu kommen die Ableitbarkeit der meisten arabischen gehobenen Wörter und die einzigartige Satzsyntax, die über die Flexion bzw. Beugung hinausgeht. Hierin werden die einzelnen Wörter nicht nur auf Endungen im entsprechenden Fall untersucht und deren Satzstellung analysiert, sondern auch ihre Funktionen in einen gesamten Kontext eingeordnet.

Allah sagt: „Geschiedene Frauen sollen selbst drei Perioden[54] abwarten…"

Koran/Sure 2/Vers 228

---

[54] Die drei Perioden lauten im Koran drei Quru´ ثلاثة قروء, wobei der Apostroph ´ den arabischen Halsbuchstaben ء darstellt.

Die Scheidung muss außerhalb der Menstruation ausgesprochen werden, sonst ist sie ungültig. Ab diesem Zeitpunkt beginnt die **vorgeschriebene** Wartezeit, **damit** man feststellen kann, ob eine eventuelle Schwangerschaft vorliegt. Ist das der Fall, so ist die Frau nach der Entbindung geschieden. Anderenfalls ist die Einhaltung von drei Menstruationen oder drei dazwischen liegenden Reinheitszyklen notwendig.

Das arabische Wort Quru´ ist der gebrochene Mehrheitsplural von Qar´. Es bedeutet zugleich die Menstruation und die Reinheit, worauf sich zwei religiöse Gutachten ergeben. Die Gelehrten, die die Bedeutung „Reinheit" bevorzugten, führten einen gehobenen arabischen Vers von dem berühmten Dichter Al –aaschah an[55]. Der Poet benutzte hier das Wort Qur´ im Sinne von Reinheit.
Die anderen, die die Bedeutung "Menstruation" benutzten, nahmen Bezug auf eine nicht ganz einwandfrei überlieferte Aussage, in der der Prophet zu einer Frau

---

مورثة مالا وفي المجد رفعة   لما ضاع فيها من قروء نسائكا[55]

in diesem Vers ist der Mehrheitsplural قروء Quru´ von dem Wort قرء Qar´ erwähnt.

gesagt haben soll: „Du darfst das Gebet nicht verrichten, wenn du Blutungen hast."[56]

4 Die Gerechtigkeit im islamischen Sinne

Nach islamischer Auffassung ist Gerechtigkeit das Fundament einer gesunden Zivilisation. Sie offenbart sich in einer verhältnismäßig würdigen Verhaltensweise gegenüber den Mitmenschen und schließt den Tierschutz und eine vernünftige und gerechte Verteilung der Güter mit ein.

Wenn die Gerechtigkeit zu wackeln beginnt, droht die Gemeinschaft unterzugehen. Doch vorher, wie bei jeder Verfehlung, gewährt Gott uns die Chance, die Dinge wieder ins Lot zu bringen. Geschieht dies, so segnet Er weiterhin unser Dasein und unsere Gemeinschaft, ansonsten entzieht Er uns seine Gunst, und der Verfall setzt zwangsläufig ein.

Auch die Rechte der Frauen, Schwachen und Minderheiten müssen strikt eingehalten werden. Omar, der zweite Kalif, sah eines Tages einen blinden Bettler und fragte über dessen Identität. Er erfuhr, dass er ein Jude war, der seit langem in der Stadt wohnte. Er ordnete für ihn eine lebenslange Rente an.

---

[56] " دعي صلاتك عند أقرائك" , hier ist der Minderheitsplural أقراء qra´ vom gleichen Wort Qar´ قرء benutzt.

Der Sohn des Stadthalters in Ägypten tat einem Kopten ein Unrecht an, worauf dieser bei dessen Vater, Genugtuung forderte. Als er kein Recht bekam, ritt er nach Medina, der damaligen Hauptstadt des Kalifen, und beklagte sich bei Omar persönlich. Dieser ließ seinen Stadthalter in Ägypten und seinen Sohn zu sich kommen. Er verschaffte dem Kopten Genugtuung, indem er ihm eine Peitsche gab und ihn aufforderte, den Sohn des Stadthalters zu schlagen. Der Ägypter tat dies und war zufrieden.

Die mekkanischen Stammesführer trafen sich damals im Hause Ibn Jud´an, eines angesehenen Mekkaners. Sie verpflichteten sich, die schutzlosen und schwachen Menschen vor Despoten zu schützen und die Armen zu versorgen. Der Gesandte Gottes, der zu diesem Zeitpunkt noch nicht zum Propheten berufen wurde, durfte als einziger junger Mann dieser Versammlung beiwohnen. Man schätze seine hervorragenden geistigen Fähigkeiten und seinen guten Charakter sehr. Später, nachdem er Prophet geworden war, pflegte er zu sagen, dass er stets bereit war, zu einer ähnlichen Sitzung zu eilen.

Dieses Ereignis ist die Grundlage für Muslime, mit anderen Menschen über die Religionsgrenzen hinweg zum Wohle der Menschheit zusammenzuarbeiten. Egal ob es dabei um Naturkatastrophen oder um die Beseitigung eines Tyrannen geht.

Dies gelingt aber nur dann, wenn die Menschen sich gegenseitig respektieren und wenn sie großen Wert auf die Tugenden legen. Es ist gar verständlich, wenn ein Staat seine politischen und wirtschaftlichen Interessen vertritt, aber dies muss nicht auf Kosten der schwachen Länder geschehen. Ferner dürfen die internationalen Beziehungen und Machtverhältnisse nicht nur über die strategische Lage der Länder oder deren Naturressourcen[57] definiert werden.

5 Die islamische Rechtsstaatlichkeit

Die Gewaltenteilung, das Fundament eines Rechtsstaates, ist konform mit der Islamischen Lehre. Wenn man von der Zeit, in der der Prophet lebte, absieht, kam diese Trennung schon zu Beginn des Amtsantritts seines Nachfolgers zur Geltung.

---

[57] Öl, Erdgas und Derartiges

Die Männer, die der Prophet für viele weltliche Sachverhalte[58] zurate zog, bildeten nach dessen Tod ein Gremium, das die Legislative in den neu entstehenden Angelegenheiten bereichern sollte. Dieser Ausschuss stand dem Kalifen mit Rat und Tat bei. Doch in dem damals noch kleinen islamischen Staat übte der Kalif in seiner unmittelbaren Nähe die Gerichtsbarkeit selbst aus und vollzog die Strafe.

Erst mit der Ausdehnung des islamischen Staates war die Gewaltenteilung eine Notwendigkeit geworden. Die Legislative blieb eine zentrale Aufgabe, aber die Exekutive und die Judikative wurden nunmehr zwangsläufig lokal ausgeübt.

Wenn ein Bürger den Kalifen anklagte, so musste ein unabhängiger Richter zwischen den beiden Recht sprechen. Ich führe dafür ein Beispiel von etlichen Fällen an, um die Unabhängigkeit der Rechtsprechung im Islamischen Staat zu untermauern.

---

[58]Eine wahrhaftig überlieferte Aussage, in der der Prophet sagt:
„Ihr seid ja im Stande, die Angelegenheiten eures Alltags zu regeln." Diese Aussage bildet die Grundlage für die individuell freien Entscheidungen über die alltäglichen Aufgaben, über die wir keine göttlichen Anweisungen haben. Gott hat es so bestimmt, dass die Menschen einen gewissen freien Raum haben, in dem sie ihr Denkvermögen einsetzen können. Sonst hätte dieses unbezahlbare Gut, das Gott den Menschen geschenkt hat, keine Wirkung.

Eines Tages warf ein Mann dem Kalifen Omar einen unrechtmäßigen Aneignungsversuch seines Grundstückes vor. Dabei handelte es sich weder um eine willkürliche Handlung noch um eine persönliche Bereicherung des Kalifen, sondern das Grundstück des Mannes grenzte an der Moschee des Propheten, die vergrößert werden musste.

Das Staatsoberhaupt stellte dem Besitzer frei, einen Kaufpreis vorzuschlagen, als dieser das Angebot ablehnte, mussten der Kalif und der Besitzer des Grundstückes vor einen unabhängigen Richter treten. Das Urteil war zugunsten des Grundstückbesitzers gefällt worden. Doch dann sah auch der Mann die Notwendigkeit ein, dass die Moschee tatsächlich vergrößert werden musste, und er stellte sein Grundstück für diesen Zweck zur Verfügung.

6 Wahrer Glaube oder bloße Tradition[59]?

Der Islam hat die Menschen von der Knechtschaft der ungerechten Obrigkeiten befreit. Zum ersten Mal in der Geschichte durften die Frauen und Schwachen am öffentlichen Leben teilnehmen. Alle Menschen genossen die gleichen Rechte und hatten Zugang zur Bildung.

Als die islamische Gemeinschaft sich in Sunniten und Schiiten spaltete, drohte sie zu zerfallen. Doch dann kam die Rettung durch die Wiederherstellung einer verhältnismäßig gerechten politischen Ordnung. Diese neue Situation verlief aber nicht konstant, sondern es kam hier und da zu politischen Unruhen, die mit Ungerechtigkeit begleitet waren. Dynastien lösten einander ab und stellten die Ordnung und Gerechtigkeit wieder her, so dass der Fortgang der Islamischen Zivilisation anhielt.

---

[59]Die Traditionen und Sitten, die keine ungerechten Vorschriften beinhalteten und nicht im krassen Widerspruch zur islamischen Offenbarung standen, wurden in die Jurisprudenz berücksichtigt und gelten immer noch in der Rechtsprechung.

Hingegen verschwanden die Bräuche, die den Grundsätzen der islamischen Lehre zuwiderliefen, aus dem Alltag. Sie blieben aber im Bewusstsein der Heuchler, die nur nach außen den Glauben praktizierten, und wurden ihren Nachkommen heimlich überliefert.

Im Laufe der Zeit stieg der Ruhm vielen Herrschern in den Kopf, und sie fingen an, den Glauben zu ihren Gunsten und ihrem Vorteil zu missbrauchen. Es bildete sich eine ungerechte Elite, die immer dreister und skrupelloser wurde.

Viele Regenten beauftragten gewissenslose Gelehrten, ihnen falsche Auslegung der heiligen Texte zu liefern, um ihren Taten und politischen Entscheidungen Legitimation zu verleihen.

Die Ungerechtigkeit hielt Einzug und bestimmte den politischen Alltag. Man jagte die Frau, die Stütze der guten Erziehung, aus dem öffentlichen Leben und verbot ihr den Zugang zur Bildung. Nach und nach schrumpfte die Anzahl der Mütter, die über feste und fundierte Bildung verfügten. Dieses Phänomen färbte dann auch auf die Väter ab und übertrug sich zwangsläufig auf die Kinder. Die Folge war, dass sich unwissende Randgruppen bildeten, denen man die meisten Rechte wegnahm.

Die darauf kommenden Generationen fanden desolate Verhältnisse vor, die sich inzwischen mit dem Überbleibsel der bisher verbotenen Bräuche vermengt hatten. Da die meisten von ihnen entweder ganz unwissend oder wenig gebildet waren, fiel es ihnen schwer, zwischen erlaubter und verbotener Tradition zu unterscheiden.

Als die Kolonialmächte in die islamischen Länder einmarschierten, um sie auszubeuten, fanden sie erbärmliche Verhältnisse vor. Dies erleichterte ihr Vorhaben, denn sie hatten ohnehin keinerlei Absicht, den Einheimischen Bildung und moderne Technik beizubringen. Ganz im Gegenteil, sie setzten alles daran, dass sie weiterhin auf niederer Entwicklungsstufe verharren und im Elend leben. Nur die einheimischen Nutznießer erfreuten sich der Gunst der fremden Herrscher. Später kamen die Kolonialmachthaber auf die Idee, manche hiesigen Bruderschaften[60] finanziell und politisch zu unterstützen, um die Bräuche zu forcieren und den wahren Glauben zu verwässern. Sie erhofften sich dabei, dass der Einfluss der islamischen Offenbarung von Generation zu Generation schwächer werde, sodass am Ende nur die feudale Tradition das hiesige Leben bestimme. Die Rechnung ist zum Großen und Ganzen aufgegangen. Die Islamische Lehre wird heute in allen diesen Ländern nur beschränkt praktiziert. Die

---

[60]Wenige Bruderschaften lebten nach authentischen islamischen Prinzipien. Sie sahen in die Kolonialleute stets den Feind und bekämpften sie bis zu der Unabhängigkeit. Sie lebten in entlegenen und gebirgigen Gegenden und waren wirtschaftlich und politisch autonom. Doch ihr geheimes Widerstandsnetz reichte bis in die großen Städte hinein und machte den fremden Herrschern das Leben zur Hölle.

fünfmalige Gebete, Ramadan und die Pilgerfahrt werden überall eingehalten. Die Armenabgabe wird hingegen in den meisten Ländern nur noch von rechtschaffenen Menschen entrichtet. Nur in bestimmten Ländern wird sie staatlich organisiert. In der Rechtsprechung werden hauptsächlich Ehe-, Scheidungs- und Erbrecht praktiziert.

Der Alltag ist in den meisten islamisch geprägten Ländern durch die Tradition bestimmt, die im krassen Widerspruch zur islamischen Lehre steht. Vor allem in den entlegenen Ortschaften und Dörfern werden Frauen oft ungerecht behandelt, schlimmstenfalls misshandelt. Die meisten Mädchen dürfen immer noch nicht in die Schule, oder sie werden gezwungen, sie ohne Abschluss zu verlassen. In vielen Fällen sitzen die jungen Mädchen Zuhause, ohne überhaupt einen Grundschulabschluss absolviert zu haben. Auch werden in diesen Ländern noch immer Zwangsehen[61] durchgeführt.

Es sind zwar Gesetze verabschiedet worden, die Frauen schützen sollen, aber in wenigen Fällen zeigen sie Wirkung. Die Schuld dafür trifft sowohl die Bürger als auch die politisch Verantwortlichen. Die Verwandten der vielen

---

[61]Dies wird auch im Westen unter vielen hier lebenden Muslimen praktiziert, und die meisten Europäer lasten es teils bewusst teils unbewusst der Islamischen Offenbarung an.

misshandelten Frauen zeigen die einflussreichen Täter nicht an, weil sie Repressalien fürchten. Andere kennen diese Gesetze gar nicht. Manche haben das Vertrauen in den Staat im Laufe der vergangenen ungerechten Jahre verloren, sodass sie nicht glauben, dass er sie vor Misshandlungen gesellschaftlich mächtiger Übeltäter schützen könne. Der Staat seinerseits hat wenig dazu beigetragen, um den Bürgern diese Angst zu nehmen, und sie für die neuen Familiengesetze zu sensibilisieren. Zumindest in den entfernten Ortschaften, wo die Gewalt an Frauen häufiger und intensiver ist, lässt sich dies verzeichnen. Ob der Staat dies bewusst tut, weil er sich mit den lokalen einflussreichen Feudalen und Patriarchen nicht anlegen will, mag hingestellt sein. Unter diesen Umständen können die meisten Menschen im Westen kaum zwischen der wahren islamischen Lehre und der überall herrschenden Tradition und weit verbreiteten Bräuchen unterscheiden.

7 Die islamische Wirtschaft

7.1 Einleitung

Ich beabsichtige im Folgenden keine Abhandlung über die Islamische Wirtschaft zu schreiben, sondern ausschließlich ihre wesentlichen Elemente zu erwähnen.

Man muss sich nicht erst zum Islam bekennen, um islamische Wirtschaftsalternativen in Betracht zu ziehen oder sie sich gar anzueignen. Zumal die neusten Erfahrungen bewiesen haben, dass diese Mechanismen nicht anfällig für Finanzkrisen sind und dass sie sich in dem noch nicht ausgestandenen Finanzdebakel bewährt haben.

Ein kluger Staatsmann verschließt sich Lösungsvorschläge anders Denkender niemals. Sowie der damalige amerikanische Präsident Roosevelt von seinen kommunistischen Rivalen einige Methoden übernommen hatte, um die Wirtschatkrise zu überwinden. Was sich auch als sehr effizient erwiesen hatte: Mit dem befristeten/vorübergehenden staatlichen Eingriff in die bisher freie Wirtschaft konnte man die Krise überwältigen.

Ein weiser Machthaber kann seinen politischen Rivalen sogar zuvorkommen, indem er ihre Ideen übernimmt, um dringende Forderungen des Volkes zu realisieren. Der deutsche Reichskanzler Bismarck nahm der

SPD den Wind aus den Segeln, als er ihre Ideen der Sozialversicherungen umgesetzt hatte. So stellte er das aufgebrachte Volk zufrieden und konnte einen großen politischen Sieg erringen.

In diesem Sinne ist es ganz und gar nicht befremdlich, wenn wir Muslime an die deutschen Machthaber appellieren, bei der Gestaltung der gesellschaftlichen Belange mitwirken zu dürfen. Ganz abgesehen davon, ob der Islam zu Deutschland gehöre oder nicht[62].

7.2 Grundzüge der islamischen Wirtschaft

Im Mittelpunkt steht, wie übrigens in jeder Volkswirtschaft, der Handel. Er ist ja notwendig für unser Dasein. Man handelt sowohl mit Ware gegen Ware als auch Ware gegen Geld. Die Waren und/oder Dienstleistungen, die man den Menschen anbietet, müssen allerdings den Islamischen

---

[62]Wenn man die deutsche Geschichte bis zum Mittelalter zurückverfolgt, stellt man fest, dass der Islam zum Heiligen Römischen Reich deutscher Nation gehörte. Der Normannenkönig Roger II. beauftragte den marokkanischen Al idrissi, den größten Geographen seiner Zeit, eine Erdkarte anzufertigen. Der Staufer Friedrich II., der mittelalterliche Vordenker von Aufklärung und Toleranz, hatte auch maurische Soldaten in seiner Leibgarde gehabt. Er erlaubte ihnen sogar ihre Gebete rechtzeitig zu verrichten.

Prinzipien entsprechen. Wesentliche Verbote sind: Nehmen oder Geben von Zinsen, jede Art von Spekulationen, Verkauf nicht im Besitz befindlicher Waren usw.

Man versorgt Menschen gewinnbringend[63]mit erlaubten Waren, wobei man weder Wucher treiben noch Zinsen nehmen darf.
Weltweit wird der Zins als Preis für das Geld definiert, das für eine festgelegte Frist ausgeliehen wird. Deshalb meinen die meistens Menschen, dass es durchaus legitim, dafür Zinsen zu fordern. Für sie ist es nur dann ethisch bedenklich, wenn man damit Wucher treibt. Ferner behaupten sie, dass die auszuleihende Summe, einen Ertrag bringen kann, wenn sie damit in ein Geschäft einsteigen. Dem entgegne ich, dass der vermeintliche Ertrag ausbleibt, wenn dieses Geschäft in die Brüche geht. Die Zinsen, die der Schuldner zahlen muss, sind hingegen eine sichere Einnahme für den Gläubiger, folglich darf man Eventuelles nicht mit Sichrem abgelten.
Im Islam ist es völlig anderes: Zum einen muss man nicht erst hohe Zinsen fordern, um als Sünder zu handeln, schon bei geringeren Zinsen übertritt man das Verbot. Außerdem ist der Zins nicht nur in Bezug auf Geld verboten,

---

[63]Allgemein gilt keine Preisfestlegung. Man soll jedoch nur einen angemessenen Preis fordern.

sondern auch im Hinblick auf bestimmte Waren. Diese sind nicht der Willkür überlassen, vielmehr sind sie in einer wahrhaftig überlieferten Prophetenaussage bestimmt. So wird berichtet, dass der Gesandte Gottes, Allahs Heil und Frieden auf ihn, sagte: „Verkauft nicht Gold gegen Gold, Silber gegen Silber, Weizen gegen Weizen, Gerste gegen Gerste, Datteln gegen Datteln, Salz gegen Salz, es sei denn, es handelt sich um den Austausch einer gleichen Menge gegen eine gleiche Menge, einer gleichen Sache gegen eine gleiche Sache, Zug um Zug. Es ist euch aber erlaubt, diese Dinge beliebig gegeneinander zu tauschen, wenn sie verschiedenartig sind, und ihr tut es Hand in Hand."

Der Verbotsgrund[64] bei Gold und Silber liegt in ihren Beschaffenheiten als wert tragendem Tauschmittel. In den früheren islamischen Gesellschaften waren nur Gold und Silber als Zahlungsmittel erlaubt. Die gegenwärtig in Umlauf befindlichen Zahlungsmittel sind zwar nicht mehr durch Gold gedeckt, weil sie aber vom Staat gesetzlich als Tauschmittel festgelegt sind, unterliegen sie auch diesem Zinsverbot.

Bei Weizen, Gerste, Datteln und Salz liegt der Verbotsgrund darin, dass sie Grundnahrungsmittel sind und dass man sie

---

[64] Siehe die Seiten 106 und 107.

aufbewahren kann. Daraus folgt, dass alle Lebensmittel[65], die eine Analogie zu ihnen aufweisen, entsprechend behandelt werden.

Dabei muss, laut der Prophetenaussage, Folgendes beachtet werden. Wenn zwei gleiche Grundnahrungsmittel gegeneinander getauscht werden, dann muss der Tausch Hand in Hand, in gleicher Menge und gleichem Wert gemacht werden. Dies gilt auch für den Tausch Gold gegen Gold oder Silber gegen Silber[66].

Wenn diese Dinge verschieden[67] sind, dann kann man sie beliebig gegeneinander tauschen, wenn der Tausch Hand in Hand vonstatten geht. Der Islam hat gewinnbringende Geschäfte durch das Zinsverbot keineswegs erschwert. Ganz im Gegenteil: Er gibt uns mehrere Möglichkeiten, das Geld ohne Zinsen zu vermehren und Gewinn erzielenden Handel zu treiben.

Damit ich den Rahmen des Buches nicht sprenge, beschränke ich mich auf zwei wichtige Wege. Diese sind den nicht Muslimen im Grunde genommen nicht fremd, nur sie handeln nicht entsprechend.

---

[65] Reis, Hülsenfrüchte, Rosinen usw.

[66] Das Feingewicht d.h. das Gewicht des in Münzen enthaltenen Edelmetalls muss nicht gleich sein. Mit anderen Worten: Man kann z.B. 24-karätiges Gold gegen 18-karätiges tauschen, wenn deren Gewichte gleich sind und der Tausch Hand in Hand gemacht wird.

[67] z.B. Gerste gegen Weizen oder Datteln gegen Salz usw.

Mit den so genannten Mudaraba und Murabaha können Muslime gewinnbringende Geschäfte tätigen, ohne gezwungen zu sein, Zinsen zu nehmen.

Die Mudaraba[68] kommt zustande, wenn ein Kapitalinhaber einen vertrauenswürdigen und geschäftstüchtigen Menschen beauftragt, für ihn einen bestimmten Handelsauftrag auszuführen. Die beiden müssen vorher den jeweiligen Anteil am Gewinn vereinbaren[69]. Dabei trägt allein der Auftraggeber das Geschäftsrisiko. Falls das Kapital verloren geht oder das Geschäft misslingt, haftet der Auftragnehmer[70] nicht. Er wird in diesem Fall aber nicht entlohnt.

Das Murabaha-Geschäft[71] ist im ursprünglichen Sinne nicht anderes als ein normaler gewinnorientierter Verkauf. Die modernen Gelehrten haben eine Geschäftsform daraus entwickelt. Sie ist wie folgendes zusammengefasst. Jemand will etwas kaufen, er hat aber das nötige Geld nicht. Er geht zu

---

[68] Al mudaraba المضاربة stammt aus dem Verb
ضَرَبَ يَضْرِبُ ضَرْبًا im Sinne vom Handel, lies dazu Koran/Sure 73 Vers 20 .

[69] Vorzugsweise schriftlich.

[70] Hat er aber bewusst- gegen die Abmachung - das Geld verspekuliert, so muss er doch dafür haften

[71] Al murabaha المرابحة stammt aus dem Wort الربح (der Gewinn).

seiner Bank[72] und beschreibt ihr das Produkt, das er haben möchte. Erst wenn die Bank das Objekt kauft[73], schließt sie einen Kaufvertrag mit dem Kunden. Darin müssen folgende Punkte enthalten: Der Preis der gekauften Ware, der Gewinn, den die Bank erzielt, und die Zeitspanne, in der der Kunde das Produkt abbezahlen wird.

Da die Bank allein das Geschäftsrisiko trägt, muss sie sich vorher gut absichern. Sie muss nämlich damit rechnen, dass der Kunde sein Versprechen auch nicht einlösen könnte[74]. Deshalb soll sie sich über seine Bonität und seinen Leumund informieren, ehe sie das Produkt für ihn kauft. Darüber hinaus soll sie nur Produkte kaufen, die sich anderweitig ohne Verlust verkaufen lassen.

---

[72] bzw. zu einer anderen Bank oder zu einem reichen Geschäftsmann.

[73] Davor muss sie sich allein auf das unverbindliche Versprechen des Kunden, die Ware zu kaufen, verlassen. Denn sonst verstöße sie gegen das im Hadith erwähnte Verbot: „ Verkaufe nicht, was du nicht besitzt."

[74] Er wird zwar getadelt, denn es gebührt einem Muslim nicht zu lügen oder Wort zu brechen, aber er wird gerichtlich nicht belangt.

Al Haram-Moschee in Mekka mit der Kaaba in der Mitte

Die Propheten-Moschee in Medina

Doktorurkunde von dem großen deutschen Philosophen
I. Kant

Oben ist Al-Basmala mit arabischen Buchstaben zu
lesen.

بسم الله الرحمان الرحيم

Al aqsah-Moschee (Felsendom) in Jerusalem

Das Marokkaner-Tor neben dem Felsendom in
Jerusalem. Sultan Saladin hatte die überlebenden
marokkanischen Krieger hier angesiedelt, als Dank für
ihre Tapferkeit gegen die Kreuzritter. Die Marokkaner
machten damals 20% seiner Armee aus.

82